AF343641

13610

INDOCHINE FRANÇAISE

SECTION D'ADMINISTRATION GÉNÉRALE

ADMINISTRATION DE LA JUSTICE

L'ORGANISATION DE LA JUSTICE EN INDOCHINE

HANOÏ
IMPRIMERIE D'EXTRÊME-ORIENT
1930

INDOCHINE FRANÇAISE

SECTION D'ADMINISTRATION GÉNÉRALE

ADMINISTRATION DE LA JUSTICE

L'ORGANISATION DE LA JUSTICE EN INDOCHINE

HANOI
IMPRIMERIE D'EXTRÊME-ORIENT
1930

SERVICES JUDICIAIRES

A. — JUSTICE FRANÇAISE

I. — Historique

Depuis 1864, époque à laquelle est intervenu le premier décret organique de la justice en Cochinchine, toutes les réformes accomplies ont été dictées par le souci d'adapter l'organisation judiciaire locale au développement de la Colonie.

La première étape a été marquée par l'institution d'un Tribunal de 1re instance et d'un Tribunal supérieur à Saïgon, les Inspecteurs des Affaires indigènes étant chargés de rendre la justice dans les provinces. Après une période d'essai au cours de laquelle cette organisation judiciaire rudimentaire reçut quelques modifications (augmentation de l'effectif du Tribunal de 1re instance ; — transformation du Tribunal supérieur en Cour d'appel, — puis création d'une deuxième Chambre à la Cour d'appel, etc...) un important effort fut tenté en 1881 : sept tribunaux furent créés dans les principales provinces de la Cochinchine et un huitième à Phnom-Penh. Chacune de ces juridictions comprenait : un Juge-Président, un Procureur de la République, un lieutenant de Juge et un juge suppléant.

Mais il ne suffisait pas de créer des Tribunaux sur le papier ; encore fallait-il trouver le personnel nécessaire pour pourvoir les nouveaux postes de titulaires. On trancha la difficulté, en admettant de droit dans le personnel judiciaire les Administrateurs des Affaires indigènes qui, jusque-là, avaient rendu la justice. Cette mesure était sage ; le rapport de présentation qui précède le décret du 28 mai 1881 la justifie de la façon suivante :

« L'admission des Administrateurs des Affaires indigènes dans le personnel judiciaire est imposée par la nécessité de ne pas interrompre le cours régulier de la justice, car il serait difficile d'en assurer immédiatement la distribution avec des magistrats venus de France ou des autres Colonies, et ignorant la langue, les mœurs et les coutumes des Annamites. Une transformation aussi subite exposerait à de grands dangers ».

Ce sont là des vérités qu'aujourd'hui encore on peut invoquer, en faveur de la spécialisation d'un corps judiciaire indochinois qu'un jour ou l'autre il faudra créer.

Bientôt cette organisation fut jugée dispendieuse et, dans un but d'éccnomie, comme peut-être aussi en raison des difficultés de recrutement du personnel, on décida en 1887 de supprimer tous les tribunaux de Cochinchine, à l'exception de ceux de Saïgon et de Vinh-Long et de les remplacer par des justices de paix à compétence étendue composées d'un juge de paix et d'un suppléant. Le tribunal de plein exercice qui fonctionnait à Phnom-Penh. fut également transformé en justice de paix, mais on dut, peu après, rapporter la mesure et reconstituer ce tribunal.

Auprès de ces justices de paix, les fonctions du Ministère public étaient remplies soit par un Commissaire de police, soit par un Fonctionnaire spécialement désigné à cet effet par le Gouverneur. Ce système ne donna que des déboires ; vainement des instructions précises furent données pour délimiter les attributions administratives et les attributions judiciaires des agents chargés d'exercer l'action publique, des difficultés s'élevèrent et des conflits surgirent qui, parfois, paralysèrent l'action de la justice. Aussi dès l'année suivante décida-t-on que des juges suppléants ou des attachés de parquet rempliraient auprès des Tribunaux de paix les fonctions de Ministère public et exerceraient les attributions de la police judiciaire (décret du 18 septembre 1888).

Cette réforme ne donna pas, elle non plus, les résultats que l'on escomptait. Bien vite on s'aperçut qu'entre les mains de magistrats trop jeunes et n'ayant ni l'expérience, ni l'autorité nécessaire, l'action du Ministère public s'affaiblissait et devenait inefficace. On se rendit compte que la suppression des Procureurs de la République était une erreur et qu'il était indispensable de les rétablir.

Tel fut l'objet du décret du 17 juin 1889 qui replaça un Procureur de la République auprès de chaque juridiction. Le même décret compléta la réforme en augmentant sensiblement le nombre des Tribunaux qui fut porté de 9 à 16.

Un tribunal composé d'un Président et d'un Procureur fut, en conséquence, installé au chef-lieu de chaque province, ce qui avait pour avantage de donner à la Cochinchine une organisation judiciaire uniforme, cadrant avec les divisions administratives de la Colonie. Huit juges suppléants affectés pour ordre à Saïgon devaient servir de relève et permettre de parer aux vacances qui se produiraient dans l'intérieur. « Cette organisation, disait le rapport de présentation, a non seulement en vue de rapprocher la justice des justiciables et de favoriser la prompte expédition des affaires, mais encore de faciliter l'action de la police judiciaire et d'augmenter la sécurité générale en plaçant un Procureur de la République auprès des nouveaux Tribunaux ».

Cette nouvelle organisation était entachée d'un vice radical : l'expérience ne tarda pas à démontrer les graves inconvénients que présentaient ces Tribunaux à effectifs réduits dont la marche était constamment enrayée par des difficultés de personnel. Comme des considérations budgétaires s'opposaient à ce que l'on dotât chaque juridiction d'un personnel moins squelettique, on dut se résoudre à en réduire le nombre et à substituer à ces organismes simplifiés des Tribunaux moins nombreux, mais plus fortement constitués. C'est dans ces conditions qu'intervient le décret du 17 mai 1895 qui réduisit à huit le nombre des Tribunaux de l'intérieur en Cochinchine mais leur rendit par contre l'ossature qu'ils avaient sous le régime du décret de 1881, c'est-à-dire : un Juge président, un Procureur, un Lieutenant de juge et un Juge suppléant.

On ne put malheureusement s'en tenir rigoureusement à cette formule : le ressort de certains Tribunaux était très étendu et comprenait plusieurs provinces, et bientôt sous l'empire de besoins nouveaux, on dut envisager la création de nouvelles juridictions. Pour réduire autant que possible la dépense, on se contenta de créer des Justices de paix ne comportant pour tout effectif qu'un Juge et un suppléant. Pour couper court aux difficultés auxquelles avait précédemment donné lieu la pratique consistant à confier les fonctions du Ministère public à un fonctionnaire de l'ordre administratif, on décida que les justices de paix à compétence étendue siégeraient sans l'assistance d'un représentant du Ministère public et qu'au point de vue de l'action publique, elles relèveraient directement de l'autorité du Procureur général.

Le développement du Tonkin avait, d'autre part, nécessité que l'on se préoccupât de lui donner une organisation judiciaire complète et rationnelle. Cette organisation sans donner lieu à des essais aussi nombreux qu'en Cochinchine n'alla pas sans tâtonnement et hésitations.

Aux Résidents-Juges qui, depuis 1884, avaient été chargés de rendre la justice, on avait en 1888 substitué des magistrats de carrière, en instituant à Hanoï et à Haiphong deux tribunaux réguliers relevant de la Cour d'appel de Saïgon. On conçoit aisément qu'obliger les justiciables tonkinois qui devenaient tous les jours plus nombreux à porter leurs affaires en appel à Saïgon, c'était leur imposer des lenteurs et des frais qui rendaient presque illusoire le droit d'appel qui leur était accordé. En 1894, on détacha le ressort du Tonkin de celui de Saïgon en créant à Hanoï une Cour d'appel indépendante. Dans la pensée des auteurs du décret du 13 janvier 1894 l'institution d'une Cour à Hanoï devait faciliter l'exercice du droit d'appel et rendre plus rapide l'expédition des affaires. Ce résultat ne fut pas atteint : par mesure d'économie on avait doté la Cour de Hanoï d'un effectif si réduit que la plupart du temps elle ne pouvait se constituer qu'en faisant appel à des fonctionnaires pris dans les diverses Administrations. L'autorité de ses arrêts s'en trouva diminuée et les rôles ne tardèrent pas à accuser un fléchissement si inquiétant dans le nombre des affaires que dès 1898 on dût supprimer la Cour d'appel de Hanoï et la rattacher à celle de Saïgon. Le ressort de cette nouvelle Cour, dite Cour de l'Indochine, s'étendait sur tout le territoire des Colonies et pays de Protectorat de l'Indochine française. Cette Cour comportait trois chambres : deux d'entre elles siégeaient à Saïgon, la troisième à Hanoï.

Dans son ensemble, ce régime subsista jusqu'en 1919. A la vérité un certain nombre de modifications intervinrent : création de Tribunaux à effectif normal ou de justices de paix à compétence étendue dans les différents pays de l'Union Indochinoise ; transformation de Tribunaux de 1re instance en Justices de paix ou réciproquement ; institution de Tribunaux résidentiels ; augmentation des effectifs de certaines juridictions et notamment de la Cour d'appel, etc... mais d'une façon générale, sauf en ce qui concerne la justice indigène du Tonkin, l'organisation judiciaire en Indochine ne subit pas de transformation essentielle jusqu'à l'instauration du nouveau régime qui résulte des deux actes constituant aujourd'hui la Charte de la Magistrature indochinoise : les décrets du 19 mai 1919 et du 16 février 1921 et le décret du 22 août 1928 qui a déterminé le statut de la magistrature coloniale.

Il est juste de constater que pendant ce long intervalle de temps le service judiciaire avec un personnel des plus réduits ne s'est pas laissé déborder par le merveilleux essor de la Colonie. Grâce à un labeur soutenu, il a pu, avec les moyens dont il disposait, assurer le cours de la justice dans des conditions que la multiplication du nombre des affaires rendait parfois difficile. Il l'a fait sans défaillance, dotant la colonie en évolution d'un corps de jurisprudence qui constitue une œuvre remarquable et qui fait aujourd'hui autorité.

Cependant à mesure qu'augmentait l'importance du Service judiciaire au Tonkin, les inconvénients résultant de l'exercice d'une Cour unique dont le siège était à Saïgon s'affirmait. On dénonçait de toutes parts le vice d'un système qui partageait une même Cour en deux sections fonctionnant dans deux villes distinctes, très éloignées l'une de l'autre. On faisait observer que le Procureur général ne pouvait de Saïgon diriger ses services de Hanoï et réciproquement; que le Président de la Cour ne pouvait présider les Chambres de la section située hors du siège principal de la Cour ni même en surveiller régulièrement le fonctionnement. On préconisait en conséquence la transformation des deux sections en deux Cours différentes, indépendantes l'une de l'autre, ce qui aurait pour avantage de donner à ces deux organismes supérieurs de la Justice des chefs toujours présents. Au surplus, le mouvement des affaires justifiait amplement la création d'une Cour autonome à Hanoï. C'est dans ces conditions et pour répondre à ces préoccupations qu'intervient le décret du 19 mai 1919 qui scinda la Cour de l'Indochine en deux Cours distinctes ayant chacune à sa tête un Procureur général et un Premier Président. C'était en somme le retour au système du décret du 13 janvier 1894, mais pour éviter de retomber dans l'erreur qui avait condamné la réforme de 1894 à un échec certain et entraîné en 1898 la suppression de la Cour de Hanoï, on s'attacha à donner à chacune des deux Cours indochinoises un effectif suffisant approprié à ses besoins. De plus, pour faciliter leur fonctionnement, on décida que le personnel pourrait être appelé à servir indifféremment dans l'un ou l'autre des deux ressorts suivant les besoins du service ce qui permit d'utiliser l'effectif général au mieux des intérêts de l'ensemble des deux Cours.

Par ailleurs, pour éviter les inconvénients de la dualité de direction résultant pour le Service judiciaire, de l'existence de deux Cours distinctes, le décret de 1919 institua un organisme destiné à servir de trait d'union entre les deux ressorts et à maintenir l'unité de direction. Un magistrat fut investi des fonctions de Directeur de l'Administration judiciaire et hérita de toutes les attributions administratives qui étaient précédemment dévolues au Procureur général en qualité de chef du Service judiciaire. Cette création avait pour avantage de libérer les Procureurs généraux des nouvelles Cours des soins étrangers à leurs fonctions judiciaires et de rendre la magistrature assise indépendante du Parquet.

L'œuvre de réorganisation entreprise en 1919 fut complétée par le décret du 16 février 1921. Cet acte, qui réunit en un texte unique les dispositions éparses qui régissaient l'organisation judiciaire de l'Indochine, procéda à un classement plus rationnel des juridictions. Comme dans la métropole les Tribunaux de première instance furent répartis en trois classes suivant leur importance. Leur nombre fut fixé à trois tribunaux de 1re classe, cinq de seconde classe, sept de troisième classe. Dans les centres les moins importants on laissa subsister des Justices de paix à compétence étendue.

*
* *

II. — ORGANISATION ACTUELLE

1. — *Dispositions générales.*

Le Service judiciaire de l'Indochine a été réorganisé par le décret du 19 mai 1919 modifié et complété par celui du 16 février 1921 et par celui du 24 juin 1927 dont les dispositions essentielles sont la suppression de la Cour d'appel de l'Indochine, la création de deux Cours d'appel siégeant l'une à Saïgon, l'autre à Hanoï et l'institution d'un Directeur de l'Administration judiciaire. Les pouvoirs administratifs de l'ancien Procureur général de l'Indochine sont dévolus à ce Directeur qui est chargé sous la haute autorité du Gouverneur général de l'Administration de la Justice (art. 67-68 du décret du 19 mai 1919 modifiés par l'article 10 du décret du 24 juin 1927).

Il s'ensuit que les magistrats des Parquets doivent adresser leur correspondance et tous les états réglementaires au Procureur général de leur ressort, tandis que les magistrats du siège correspondent directement avec le Premier Président.

Les magistrats qui, comme les juges de paix à compétence étendue, ont à accomplir certains actes relevant de la fonction du Ministère public, correspondent avec le Procureur général pour tout ce qui est relatif à cette fonction.

Pour les affaires d'ordre purement administratif les magistrats de tous ordres et de toutes fonctions s'adressent au Directeur de l'Administration judiciaire par la voie hiérarchique, c'est-à-dire en passant par l'intermédiaire soit du Premier Président, soit du Procureur général suivant qu'ils appartiennent à la magistrature assise ou à la magistrature du Parquet.

2. — *Le Directeur de l'Administration judiciaire.*

Les attributions du Directeur de l'Administration judiciaire sont déterminées par l'art. 68 du décret du 19 mai 1919 modifié par l'art. 10 du décret du 24 juin 1927, modifié lui-même implicitement dans quelques-unes de ses dispositions par le décret du 22 août 1928. Le Directeur de l'Administration judiciaire est chargé sous la haute autorité du Gouverneur général de l'Administration de la justice en Indochine. Il exerce toutes les fonctions, il a toutes les attributions administratives dévolues antérieurement au Procureur général de l'Indochine en sa qualité de Chef du Service judiciaire. Il est le Chef du Service de la Justice indigène au Tonkin. Il siège au Conseil du Gouvernement de l'Indochine. Il est nommé par décret sur la proposition du Gouverneur général. Il doit être choisi de préférence parmi les premiers présidents et les procureurs généraux des ressorts de la Colonie. Il est assisté d'un président de Chambre, conseiller ou avocat général désigné sur sa proposition par le Gouverneur général. Il peut aussi, si besoin est, être assisté d'un ou de plusieurs magistrats des ressorts de la Colonie désignés dans les mêmes conditions.

En cas d'absence hors de la Colonie ou de décès du Directeur de l'Administration judiciaire, le Gouverneur général, par arrêté, désigne pour le remplacer un des premiers présidents ou des procureurs généraux du ressort de l'Indochine (art. 51 du décret du 22 août 1928).

3. — *Cours d'appel.*

Depuis le décret du 19 mai 1919, il existe deux Cours d'appel siégeant respectivement à Hanoï et à Saïgon. Aux termes du décret organique du 22 août 1928, chacune de ces Cours d'appel comprend un Premier Président, deux Présidents de Chambre, des Conseillers qui sont au nombre de onze à Saigon et de neuf à Hanoi, un Greffier en chef et plusieurs Commis-Greffiers.

Quant au Ministère public, il est représenté auprès de chaque Cour par un Procureur général, trois Avocats généraux, trois substituts généraux à Saigon, deux à Hanoï.

La Cour d'appel de Saïgon connaît des appels formés contre les jugements rendus en premier ressort et en toutes matières : d'une part, par les tribunaux français de la Cochinchine, du Cambodge, des provinces annamites de Binh-Thuân, Phan-Rang, Khanh-Hoa, Phu-Yên, Binh-Dinh, Kontum, Haut-Donnai et Lang-Biên et des provinces laotiennes de Bassac, Attopeu, Saravane et Savannakhet ; d'autre part, par les tribunaux consulaires de la Chine (le Yunnan excepté) et du Siam. Elle se subdivise en deux Chambres. La deuxième, présidée par un Président de Chambre et comprenant deux Conseillers connaît plus spécialement des appels des jugements rendus par les tribunaux français statuant en matière civile indigène et en matière de police correctionnelle à l'égard des Annamites ou assimilés. La première Chambre habituellement présidée par le Premier Président et comprenant aussi deux Conseillers connaît plus particulièrement des autres affaires (Décret du 19 mai 1919, modifié par les décrets du 21 août 1923 et 10 septembre 1924).

La Cour d'appel de Hanoï connaît des appels formés contre les jugements rendus en premier ressort et en toutes matières par les tribunaux français du Tonkin, du territoire de Kouang-Tchéou-Wan et des provinces de l'Annam et du Laos non comprises dans le ressort de la Cour d'appel de Saïgon, des mêmes appels formulés contre les jugements des tribunaux consulaires du Yunnan, enfin des appels et des demandes en annulation formés contre les jugements rendus par les tribunaux indigènes du Tonkin ainsi que des demandes en révision formulées contre les mêmes jugements ou contre ses propres arrêts en matière indigène devenus définitifs. Elle se subdivise en deux Chambres ; la première est présidée et composée de la même façon que la première Chambre de la Cour d'appel de Saigon ; la deuxième qui est présidée par un Président de Chambre comprend un conseiller et un haut mandarin. Cette deuxième Chambre connaît uniquement des appels et recours en matière indigène ci-dessus énumérés, tandis que la première Chambre connaît exclusivement des autres affaires.

Les Cours d'appel de l'Indochine sont également compétentes en vertu des deux lois du 28 avril 1869 et du 15 juillet 1910 pour juger en premier et dernier ressort les crimes commis par les citoyens, sujets ou protégés français soit en Chine sauf le Yunnan et au Siam (Cour d'appel de Saïgon), soit au Yunnan (Cour d'appel de Hanoï). En ce cas, la Cour est composée du Premier

Président et de quatre conseillers français faisant partie des deux Chambres ordinaires.

Lorsqu'il s'agit soit des instructions relatives aux affaires de la compétence des Cours criminelles existant en Indochine, soit des instructions relatives aux affaires criminelles ressortissant exceptionnellement de la connaissance des Cours d'appel, soit des oppositions formées aux ordonnances des juges d'instruction, soit enfin des demandes de réhabilitation, l'information est suivie et la Cour éventuellement saisie par une Chambre des Mises en accusation qui est constituée dans le sein de chaque Cour d'appel et composée de trois de ses membres.

4. — Cours criminelles.

A. — Les crimes commis dans tout le ressort de chaque Cour d'appel par les Français ou assimilés sont jugés par deux Cours criminelles siégeant respectivement à Saïgon et à Hanoï. Les Cours criminelles sont composées :

1° Du Premier Président de la Cour d'appel ou d'un Président de Chambre ou d'un Conseiller, président ;

2° De deux conseillers;

Ces Conseillers peuvent être remplacés par des magistrats de première instance pris parmi les magistrats du siège et de préférence parmi ceux du tribunal du chef-lieu de la Cour criminelle ;

3° De quatre assesseurs français.

Il est établi, à cet effet, dans chacun des ressorts des Cours de Saigon et de Hanoi, une liste de 60 notables français résidant dans le ressort et qui sont appelés à faire partie de la Cour Criminelle. Ces listes sont dressées chaque année par une commission spéciale. Les mêmes membres peuvent être indéfiniment portés sur les listes ainsi dressées. Nul ne peut être inscrit sur ces listes et remplir les fonctions d'assesseur s'il n'est âgé de 30 ans accomplis, s'il ne jouit de ses droits civils et politiques ou s'il est membre de l'ordre judiciaire, ministre d'un culte quelconque ou militaire en activité de service des armées de terre ou de mer.

B. — Les crimes commis par les Annamites ou assimilés dans le ressort de la Cour d'appel de Saigon sont jugés par cinq Cours Criminelles siégeant à

Saigon, My-Tho, Vinh-Long, Can-Tho et Phnom-Penh. Ces Cours Criminelles sont composées :

1° Du Premier Président ou d'un Président de Chambre ou d'un Conseiller, président ;

2° De deux Conseillers qui peuvent être remplacés par deux magistrats de première instance ;

3° De deux assesseurs indigènes désignés par voie de tirage au sort sui une liste de 20 notables indigènes établie pour chacun des ressorts de ces Cours Criminelles.

Pour la Cour Criminelle de Phnom-Penh les assesseurs sont cambodgiens.

Ces notables doivent être âgés de 35 ans au moins et domiciliés dans le ressort de la Cour Criminelle. Ils sont choisis de préférence parmi les indigènes possédant une connaissance suffisante de la langue française. Les mêmes noms peuvent être indéfiniment reportés sur les listes dressées chaque année.

La Cour Criminelle de Hanoi est présidée et composée de la même façon.

Les Cours Criminelles siègent tous les trois mois. Elles peuvent tenir exceptionnellement séance dans une ville autre que celle où elle siège d'ordinaire et tenir des sessions extraordinaires.

5. — *Chambre d'Annulation.*

Il y a, pour toute l'Indochine, une Chambre d'annulation qui connaît des pourvois formés contre les jugements rendus en dernier ressort par les juges de paix ou les tribunaux statuant en matière de simple police ou en matière civile indigène, y compris ceux rendus par les justices de paix cochinchinoises occupées par un juge annamite. Cette Chambre n'est pas à proprement parler une juridiction distincte car elle est formée dans le sein même de la Cour d'appel de Saigon. Elle est composée du premier président et des quatre conseillers les plus anciens. Les fonctions du ministère public sont remplies par le Procureur général. Le Greffier en chef doit tenir la plume lui-même. Le Premier président, le Procureur général et le Greffier en chef doivent siéger eux-mêmes et ne se faire remplacer qu'en cas d'empêchement absolu.

6. — *Commission Criminelle du Tonkin.*

Toutes les fois qu'un crime ou un délit intéressant la sécurité du Protectorat ou le développement de la colonisation française a été commis par un sujet annamite ou assimilé justiciable des tribunaux français, le Gouverneur général peut, par un arrêté, dessaisir la justice ordinaire et renvoyer l'affaire devant une Commission Criminelle composée d'un Résident de 1ʳᵉ classe, Président, du Résident de la Province, du Procureur de la République du ressort où le crime a été commis et d'un Capitaine nommé sur la désignation du Commandant supérieur des Troupes. Elle est pourvue d'un greffier qui est pris parmi les commis-greffiers de la Cour d'appel. Lorsque la Commission Criminelle se réunit en dehors du ressort des tribunaux de Hanoi et Haiphong, le Procureur de la République est remplacé par un magistrat nommé sur la désignation du Directeur de l'Administration judiciaire.

La Commission se réunit sur les lieux sans délai. En attendant son arrivée le Résident de la province commence l'information sommaire. L'instruction est dirigée par le Président de la Commission. Chaque membre peut, toutefois, exiger l'audition des témoignages qu'il jugera utiles. Le greffier tient note des interrogatoires et celle de chaque déposition recueillie par la Commission. Ces interrogatoires et dépositions sont relus après avoir été reçus et sont signés par tous les membres de la Commission, quand la majorité s'est mise d'accord sur la rédaction. L'instruction est déclarée close à la majorité. L'accusé est prévenu qu'il a trois jours pour préparer sa défense. La quatrième jour, après la clôture de l'instruction, la Commission se réunit de nouveau. L'accusé est entendu ainsi que toute personne qui se présentera pour lui. Il peut, pendant les trois jours précédents, se faire communiquer par son conseil les pièces de l'instruction. L'accusé entendu dans ses moyens de défense, la Commission se retire. Le Président met aux voix la question de culpabilité. Elle ne peut être résolue contre l'accusé qu'à la majorité. La Commission délibère ensuite sur les circonstances atténuantes et l'application de la peine. L'arrêt est rendu en présence de l'accusé et de son conseil. Le Président demande aussitôt à l'accusé s'il entend se pourvoir devant le Conseil du Protectorat, et l'arrêt, signé de tous les Membres de la Commission, doit faire mention de sa réponse. Si la réponse de l'accusé est affirmative l'arrêt et les pièces de l'instruction sont portés immédiatement par le Greffier de la Commission au Gouverneur général qui saisit dans un délai maximum de dix jours le Conseil du Protectorat. Dans le cas où un texte de la loi a été violé l'arrêt est cassé et l'affaire renvoyée devant une autre Commission Criminelle.

Aux termes de l'article 16 du décret du 5 mars 1927 promulgué par arrêté du 27 avril 1927, en matière pénale, s'il y a eu recours en grâce en faveur du condamné, la transmission du recours au Chef de l'Etat est obligatoire. En cas de condamnation à mort et s'il n'y a pas de recours en grâce, le Gouverneur saisit le Conseil privé, le Conseil d'Administration ou de Protectorat. Il est sursis à l'exécution et fait appel à la clémence du Chef de l'Etat si, dans le Conseil, deux membres au moins sont de cet avis.

**Juridictions de premier degré. — Tribunaux de 1ʳᵉ instance. —
Justices de paix à compétence étendue. — Tribunaux résidentiels. —
Tribunaux de commerce.**

Dispositions générales. — Les tribunaux de première instance, les justices de paix à compétence étendue et les tribunaux résidentiels ou justices de paix à compétence étendue connaissent en premier et dernier ressort : 1° des actions personnelles et mobilières jusqu'à la valeur de 1.500 francs ou de 500 piastres ou de 1.000 gias de paddy en principal (le poids du gia étant de 20 kilogs) ; 2° des actions immobilières jusqu'à 60 francs ou 20 piastres ou 40 gias de paddy de revenu déterminé soit en rentes, soit par le prix du bail, soit à défaut par la déclaration concordante des parties, soit encore en ce qui concerne le revenu en gias de paddy par certification des notables des villages de la situation de l'immeuble litigieux.

Ils connaissent à charge d'appel de toutes les autres actions.

Comme tribunaux correctionnels, les tribunaux de première instance, les justices de paix à compétence étendue et les tribunaux résidentiels connaissent de toutes les infractions dont la peine excède cinq jours d'emprisonnement et 15 francs d'amende, sauf dérogations prévues par les lois et décrets spéciaux dûment promulgués dans la colonie.

Les mêmes tribunaux connaissent en outre des appels formés contre les jugements rendus en premier ressort par les tribunaux de simple police lorsque ces tribunaux prononcent un emprisonnement ou lorsque les amendes, restitutions ou autres réparations excèdent la somme de cinq francs, outre les dépens, et toujours sous réserve des dérogations expresses contenues dans les lois et décrets régulièrement promulgués.

Lorsqu'il n'existera pas de justice de paix ou de tribunal de simple police dans l'arrondissement, le juge de première instance statuera en premier et dernier ressort sur toutes les contestations civiles de la compétence des juges de paix de la Métropole et sur toute contravention de police.

En cas de nécessité, les ressorts territoriaux, les tribunaux de 1ʳᵉ instance de toutes sortes pourront être modifiés par des arrêtés du Gouverneur général.

Les présidents des tribunaux de première instance, les juges, juges de paix à compétence étendue et les juges suppléants peuvent tenir des audiences foraines dans l'étendue de leur circonscription.

Tribunaux de première instance.

Ces tribunaux sont constitués par un juge unique avec adjonction d'un magistrat du Ministère public.

Il y a trois tribunaux de première classe : Saigon, Hanoi, Haiphong ; cinq
de 2° classe : My-Tho, Vinh-Long, Can-Tho, Phnom-Penh et Tourane ;
sept de 3° classe : Bac-Liêu, Bên-Tré, Chau-Dôc, Long-Xuyên, Rach-Gia,
Soc-Trang et Tra-Vinh. Un Procureur de la République exerce les fonctions de Ministère public auprès de chacun de ces tribunaux. Les juges suppléants peuvent être appelés à exercer les fonctions de Ministère public.

Justice de paix à compétence étendue.

Les juges de paix à compétence étendue sont investis de toutes les attributions conférées aux présidents des tribunaux de première instance. ils règlent
eux-mêmes les ordres et contributions, font les enquêtes en matière civile, procèdent d'office à l'instruction des affaires, criminelles et correctionnelles. La
présence du Ministère public n'est pas obligatoire.

Le Procureur général procède par voie de requête et de conclusions écrites :
il peut même déléguer un magistrat du ressort pour remplir les fonctions de
Ministère public. Le service du greffe est assuré par un greffier et, s'il y a
lieu, par un ou plusieurs commis-greffiers.

Tribunaux résidentiels au Tonkin, en Annam, au Laos et au Cambodge.

En dehors des territoires compris dans les ressorts des tribunaux de première
instance ou justices de paix à compétence étendue, les Résidents, Chefs de province, sont investis des fonctions de juges de paix à compétence étendue. Le
ressort de chaque tribunal comprend le territoire de la province tel qu'il est
déterminé par arrêté du Gouverneur général.

Chaque tribunal se compose de l'Administrateur ou du Commissaire du
Gouvernement, ou du Commandant de territoire et d'un commis faisant fonctions de greffier, de notaire et de commissaire-priseur.

Les chefs de province siègent et prononcent leurs jugements en audience publique lorsqu'il s'agit d'affaires civiles, commerciales, correctionnelles et de
simple police. En cas d'absence ou d'empêchement, le chef de la province est
remplacé d'office par le fonctionnaire qui lui est adjoint sans qu'il soit be-

soin, à ce sujet, de désignation spéciale. Il suffit de faire mention à la suite du titre du fonctionnaire, faisant fonctions de juge, qu'il siège ou procède en remplacement du chef de province absent ou empêché.

Tribunaux de Commerce. — Dans les ressorts des tribunaux de 1ʳᵉ instance de Saigon, Hanoi, Haiphong et Phnom-Penh, la juridiction commerciale est composée du Président du Tribunal civil, Président, et de deux Juges élus pour deux ans par l'ensemble des électeurs français de la Chambre de Commerce suivant le mode adopté pour l'élection des membres français de cette Compagnie. Le Président peut, en cas d'absence ou d'empêchement, être remplacé par le Vice-Président ou par un des Juges du Tribunal.

Sont éligibles aux fonctions de Juges et de juges suppléants les Electeurs français à la Chambre de Commerce, âgés de 25 ans accomplis et domiciliés dans le ressort du tribunal. Leur mandat est gratuit et indéfiniment renouvelable.

Le ressort territorial de chacun des tribunaux de commerce de Saigon, Hanoi, Haiphong et Phnom-Penh est le même que celui des Tribunaux civils siégeant dans ces villes.

Dans les arrondissements judiciaires autres que ceux de Saigon, Hanoi, Haiphong et Phnom-Penh, le Président du Tribunal de 1ʳᵉ instance ou de la justice de paix à compétence étendue connaît des matières commerciales conformément à l'article 640 du Code de Commerce.

La compétence des tribunaux mixtes de Commerce et des juridictions civiles statuant en matière commerciale est réglée par le livre IV, titre II (art. 631 et suivants) du Code de Commerce.

JUSTICE DE PAIX

1° *Justices de paix occupées par un magistrat français.*

Le décret du 16 février 1921 a prévu trois de ces juridictions siégeant à Saigon, Hanoi et Haiphong, et ayant respectivement pour ressort le territoire de chacune de ces villes, sauf que le ressort de la justice de paix de Saigon comprend aussi la ville de Cholon. Cette dernière juridiction est la seule de l'espèce qui soit autonome ; elle se compose d'un Juge de paix assisté d'un Greffier et de Commis-Greffiers, et lorsque le Juge de paix statue en matière de simple police, d'un Représentant du Ministère public qui est le Commissaire central ou Commissaire de police. Quant à Hanoi et à Haiphong, il a été prévu par le décret de 1921 que, dès que les circonstances le permettraient, la justice de paix y serait occupée par un juge détaché du tribunal de première instance avec l'assistance d'un ou de plusieurs Commis-Greffiers, et éventuellement du même officier du Ministère public que ci-dessus. Mais en réalité, actuellement la justice de paix se confond dans ces deux villes avec le tribunal de première instance qui, comme par le passé, tient des audiences spéciales pour le réglement des affaires de justice de paix et en connaît alors, dans tous les cas, en premier et dernier ressort.

En dehors du ressort territorial des trois justices de paix susvisées, les fonctions de juge de paix sont remplies selon le cas, par le président du tribunal de première instance ou le juge de paix à compétence étendue, qui, alors, statue toujours en premier et dernier ressort.

En dehors des ressorts des Justices de paix de Saigon, de Hanoi et Haiphong et des provinces, siège d'un tribunal de première instance, d'une justice de paix à compétence étendue ou d'un tribunal résidentiel, les administrateurs, chefs de province ou les délégués administratifs remplissent les fonctions titulaires, gracieuses et conciliatrices des juges de paix, et jugent, en premier ressort suivant les distinctions établies par la loi française, les contraventions de police commises par les justiciables français sous réserve de ce qui est stipulé pour les indigènes de la Cochinchine, dans les lieux où sont instituées des justices de paix indigènes.

Ils peuvent recevoir l'affirmation des procès-verbaux dressés par les agents des Douanes et Régies, les Agents forestiers et tous autres dont les procès-verbaux sont soumis à l'affirmation du juge de paix.

Justices de paix indigènes.

En Cochinchine, un arrêté du Gouverneur général du 25 juillet 1923, pris par application du décret du 16 février 1921, a organisé un corps de juges de paix indigènes. Les agents investis de ces fonctions ne constituent pas pour le moment un cadre spécial ; ce sont simplement des fonctionnaires indigènes temporairement détachés du service public auxquels ils appartiennent et dont ils continuent à faire partie. Ils sont désignés par le Gouverneur général, sur la proposition du Directeur de l'Administration judiciaire, et après un concours, qui a lieu à Saigon, parmi : soit les dôc-phu-su, phu et huyên de Cochinchine, les commis indigènes du Gouvernement ou des provinces de Cochinchine, les Interprètes en chef et Commis-Interprètes du Service Judiciaire, comptant au moins vingt ans de services et originaires de Cochinchine, soit les Docteurs et Licenciés en droit et les élèves diplômés de l'Ecole de Droit et d'Administration originaires de Cochinchine, et comptant au moins dix ans de fonctions dans le service de l'Indochine. Ils sont placés, pour l'exercice de leurs fonctions judiciaires, sous l'autorité du Premier Président et du Procureur général. Chacun d'eux est assisté sous ses ordres directs par un secrétaire indigène, faisant fonctions de greffier qui est attaché à titre provisoire du cadre des secrétaires interprètes du Service judiciaire et désigné par le Gouverneur de la Cochinchine sur la proposition du Procureur général.

Les règles de l'organisation et de la compétence de ces juridictions spéciales ont été déterminées par le décret du 16 février 1921 dont les détails d'application ont été fixés par un arrêté du Gouverneur général du 7 mars 1924. Ces juridictions ne sont compétentes que lorsque toutes les parties en cause sont des Annamites ou assimilés, lesquels doivent se présenter eux-mêmes ou se faire représenter par les proches parents. Il n'existe auprès d'elles aucun représentant du ministère public, sauf le droit réservé au Procureur Général et au Procureur de la République de leur adresser des conclusions écrites. Il n'y a pas d'huissiers, toutes les significations, notifications et tous actes d'exécution étant accomplis par les notables des villages. L'assistance des Avocats-Défenseurs ou de mandataires quelconques n'est pas admise ; les parties doivent se présenter en personne ; elles ne peuvent se faire représenter que par de proches parents ; les mineurs sont représentés par leur tuteur, les femmes mariées par leur mari.

Les juges de paix indigènes sont chargés de la tentative de conciliation ; ils exercent tous les actes de la fonction tutélaire et gracieuse qui entrent dans les attributions des juges de paix français dans la mesure où ces actes sont compatibles avec la loi indigène. Ils ont juridiction sur tous les Annamites et assimilés énumérés dans l'arrêté du Chef du pouvoir exécutif du 23 août 1871. S'il y a en cause un citoyen français ou assimilé le Juge français est seul compétent.

En matière pénale, les juges de paix indigènes de Cochinchine ont la même compétence que les juges de paix français, en ce qui concerne les contraventions prévues par le Code pénal modifié par le décret du 31 décembre 1912. Ils connaissent en outre, lorsque cette connaissance est attribuée aux juges de paix, des infractions prévues par les règlements spéciaux applicables en Cochinchine aux indigènes et asiatiques assimilés. L'appel pouvant être éventuellement formé contre leurs jugements civils ou de police est porté devant le tribunal de première instance ou la justice de paix à compétence étendue. Leurs attributions tutélaires et contentieuses à l'égard de leurs justiciables sont celles qui appartiennent aux juges de paix français, plus certaines autres résultant des dispositions du décret du 3 octobre 1883, fixant au point de vue judiciaire le statut personnel des indigènes sujets français. Enfin, ils exercent la police judiciaire pour tous crimes et délits commis par les indigènes, attributions qui n'appartiennent pas aux juges de paix français, et ils procèdent sur délégation des autorités judiciaires à toutes enquêtes et à tous contrats en matière indigène.

Il est permis d'attendre les meilleurs résultats de la création des justices de paix indigènes. En donnant aux juges une certaine autorité et en les rénumérant suffisamment, on peut être assuré que leur recrutement sera fécond et heureux.

Tribunaux Administratifs.

Les Tribunaux administratifs, qui ne se rattachent qu'indirectement au Service Judiciaire, ont pour mission principale de juger en premier ressort les procès qui naissent entre les particuliers d'une part et d'autre part les diverses Administrations publiques, ces dernières étant presque toujours défenderesses. Ces tribunaux dont la dénomination est celle de *Conseil du Contentieux Administratif de l'Indochine* ont un rôle plus important que les Conseils de préfecture métropolitains, car ils connaissent sans distinction de tout le contentieux administratif soulevé dans la colonie et y ont par suite pleine juridiction, tandis que les Conseils de préfecture sont des juridictions d'attributions ne pouvant connaître que des catégories d'affaires sur lesquelles une loi spéciale leur a attribué compétence. (voir de Galembert. Les Administrations et les services publics indochinois p. 354). Les Conseils du Contentieux administratif ont en outre d'autres attributions. C'est ainsi qu'ils jugent les demandes en décharge ou en réduction formulées à l'occasion des contributions directes ou taxes assimilées et qu'ils statuent également sur certaines contestations en matière électorale. Ils connaissent également des contraventions de grande voirie.

Il existe en Indochine deux Conseils du Contentieux Administratif : l'un siégeant à Hanoi, l'autre à Saigon. Le ressort de chacune de ces conseils est le même que celui des cours d'appel siégeant dans ces villes tel qu'il est ou sera déterminé par les règlements en vigueur ou à intervenir.

Entièrement réorganisées par un décret du 6 septembre 1921 modifié et complété par un décret du 9 juin 1925, ces juridictions sont composées d'un magistrat du siège de la Cour d'appel, président, et de deux administrateurs des Services civils, licenciés en droit et ayant au moins dix ans de services. Le Ministère public y est représenté par un Commissaire du Gouvernement qui est un Administrateur des Services civils remplissant les mêmes conditions que les Conseillers. Le Greffier qui prend le titre de Secrétaire est un Fonctionnaire des Services civils ou un Commis indigène. Les divers membres des Conseils du Contentieux administratif sont nommés pour trois ans par arrêté du Gouverneur général pris, après avis des Chefs d'Administration locale intéressés et du Directeur de l'Administration judiciaire et mis hors cadres pour la même période par un arrêté ministériel. Les suppléants sont également désignés dans les mêmes conditions, toutefois ils ne sont pas mis hors cadres.

Les Conseils du Contentieux administratif tiennent deux séances par mois. La procédure en usage devant ces juridictions est fixée par le décret du 5 août 1881 modifié le 25 janvier 1890. Elle est exclusivement écrite. Le demandeur dépose une requête introductive d'instance. Le défenseur auquel cette requête est communiquée y répond par un mémoire en défense dans le délai fixé par le président et le demandeur peut à son tour déposer dans les quinze jours un mémoire en réplique. Il se constitue ainsi pour chaque affaire un dossier qui est tenu au secrétariat du Conseil. La procédure terminée, le dossier est remis à un conseiller qui établit un rapport lequel est communiqué au Commissaire du Gouvernement. Le jour de l'audience le Conseiller rapporteur lit son rapport, les parties présentent leurs observations verbales si elles le jugent utile, le Commissaire du Gouvernement dépose ses conclusions et le Conseil rend son jugement après délibéré. Ces jugements sont susceptibles d'appel devant le Conseil d'Etat dans un délai de trois mois. Cet appel n'est pas suspensif.

Justice Indigène

Cochinchine. — Il n'existe pas de tribunaux indigènes puisque tous les habitants indigènes de cette colonie sont sujets français et par conséquent justiciables des seuls tribunaux français.

Annam. — Les anciennes conceptions chinoises sur le régime et la distribution de la Justice, sont encore à la base de l'organisation judiciaire de ce pays qui de toute l'Indochine est celui où les anciennes institutions indigènes ont subi le moins de modifications. Les juges statuent suivant le Code de Gia-Long et les ordonnances royales et conformément aux coutumes du pays.

Le pouvoir judiciaire appartient aux autorités communales puis cantonales et ensuite, si l'affaire a été portée devant eux, aux tri-phu, tri-huyên et tri-châu, ces derniers étant en outre chargés de l'instruction judiciaire, lorsque le différend, n'ayant pu être concilié, tombe dans le domaine répressif et nécessite le prononcé d'un jugement. Quant aux tribunaux ayant qualité pour rendre ces jugements, ils sont constitués, au chef-lieu de chaque province, théoriquement par la collectivité des mandarins provinciaux, en fait par l'un d'eux, l'an-sat ou quan-an. Leurs décisions sont en principe soumises à la révision du Ministère annamite de la Justice, qui, cependant ne constitue pas à leur égard une juridiction d'appel proprement dite, mais qui, agissant au nom du Roi, peut toujours suspendre leur exécution et faire reprendre l'affaire, soit d'office, soit sur la suggestion du Résident supérieur.

Quant à l'intervention des Résidents en matière de justice indigène, elle doit en principe se réduire à contrôlerson bon fonctionnement et à signaler au Résident supérieur ce qui paraîtrait contraire à la loi ou à l'équité.

Les Tribunaux indigènes sont incompétents pour statuer toutes les fois qu'un citoyen français, un européen ou assimilé, un protégé français autre qu'un sujet annamite, un asiatique étranger et un sujet français est partie en cause.

Les châtiments corporels prévus par la législation indigène sont formellement supprimés ; leur application est rigoureusement interdite soit comme moyen d'instruction, soit comme pénalité. Dans les cas où il y aurait lieu d'appliquer ces pénalités, le Juge doit leur substituer la peine d'emprisonnement sans qu'en aucun cas la durée de l'emprisonnement puisse être supérieure à cinq années.

Cambodge. — Alors qu'en Annam les mêmes mandarins sont investis à la fois de pouvoirs administratifs et de pouvoirs judiciaires, au Cambodge administration et justice indigène sont complètement séparées.

La justice indigène est distribuée par un personnel spécial dit Krom-Tralakar placé sous les ordres du Ministère cambodgien de la Justice et dont tous les membres sont nommés et promus parordonnances royales rendues exécutoires par le Résident supérieur.

L'organisation judiciaire actuelle telle qu'elle résulte de l'ordonnance royale du 14 septembre 1922 et de l'arrêté du 3 octobre suivant comporte trois degrés de juridiction — première instance — appel — cassation.

Il existe dans chaque province un Tribunal de 1re instance composé d'un juge unique qui est compétent en premier et dernier ressort dans les procès civils dont le montant n'est pas supérieur à 100 piastres. Il juge à charge d'appel les litiges civils dont le montant est supérieur à cette somme. Il connaît en dernier ressort des affaires de simple police, et en premier ressort des causes correctionnelles.

Dans certaines circonscriptions trop étendues des Justices de paix ont été instituées dont la compétence est à peu près celle des Tribunaux de 1ro instance. Ces derniers peuvent toutefois connaître en appel des jugements rendus en premier ressort par les Juges de paix, mais dans ce cas leur décision ne peut être attaquée que par voie de recours en annulation.

Une juridiction d'appel — la SalaOutor — a été instituée à Phnom-Penh qui connaît de tous les appels formés contre les jugements rendus en premier ressort par les tribunaux de 1re instance. Elle siège à trois juges.

Les arrêts rendus par la Sala Outor ainsi que les jugements rendus en dernier ressort par les Tribunaux de 1re instance et les Justices de paix peuvent être déférés à une juridiction d'annulation qui siège également à Phnom-Penh et qui comporte un Président, deux Conseillers et un greffier.

Les affaires criminelles sont portées devant une Chambre d'accusation composée d'un Président, Juge à la juridiction d'annulation, de deux Conseillers à la Cour d'appel et d'un greffier. Elles peuvent être renvoyées devant une Cour criminelle qui siège tous les trimestres à Phnom-Penh et qui est constituée par trois magistrats : un Juge à la juridiction d'annulation, Président ; deux Conseillers à la Juridiction d'appel, assistés de deux assesseurs tirés au sort.

L'ensemble de cette organisation judiciaire est contrôlé par un magistrat du Service judiciaire de l'Indochine placé hors cadres avec le titre de Conseiller Juriste du Protectorat, par les Chefs de province et par le délégué du Résident supérieur au Ministère de la Justice.

Laos. — Justice indigène.

Dès notre installation au Laos, l'Administration française s'est préoccupée d'y organiser la Justice indigène. Un arrêté du Gouverneur général du 30 septembre 1895 a jeté les premières bases d'une organisation judiciaire simple et adaptée au pays. Cet arrêté, complété par celui du 30 novembre 1896, est resté en vigueur jusqu'au 2 mai 1908 date à laquelle un nouvel arrêté dota le Laos d'une organisation judiciaire indigène moins rudimentaire et promulgua trois codes, les codes civil, pénal et de procédure. Dans ces codes, on s'était efforcé de coordonner et de classer les lois et coutumes alors en vigueur au Laos et de les compléter par un certain nombre de dispositions qui tout en respectant aussi scrupuleusement que possible les coutumes et les traditions locales édictaient des règles simples, précises, faciles à comprendre et à appliquer et surtout conformes à nos principes d'humanité.

Le développement économique et intellectuel du Laos ne tarda pas à rendre nécessaire la refonte complète de ces premiers essais de législation.

Des travaux de codification furent entrepris qui se poursuivirent de 1917 à 1922 aboutirent à la promulgation à la date du 20 novembre 1922 d'une législation extrêmement complète comportant un code d'organisation judiciaire, un code civil et commercial, un code de procédure civile et commerciale, un code pénal et un code de procédure pénale.

Cette promulgation était peut-être un peu hâtive, et l'on dut, à plusieurs reprises. reculer la mise en vigueur de ces différents codes surtout en raison de la difficulté de constituer un corps de fonctionnaires ou de magistrats indigènes suffisamment instruits pour les comprendre et les appliquer. Par ailleurs si l'on ne voulait pas que la nouvelle loi restât lettre morte, il était nécessaire d'y apporter des simplifications pour la mettre davantage à la portée d'une population en grande partie illettrée et parfaitement ignorante des principes les plus élémentaires du droit. Les codes de 1922 furent en conséquence revus, simplifiés et mis au point. Ils firent à la date du 5 septembre 1927 l'objet d'une nouvelle promulgation, ils constituent, à l'heure actuelle, la charte de l'organisation judiciaire indigène au Laos.

Aux termes de cette nouvelle organisation, il existe un tribunal supérieur à Vientiane, un tribunal provincial dans chaque province, et des tribunaux dits du 1ᵉʳ degré dans les circonscriptions où le Résident supérieur, Chef de la Justice indigène, estime leur institution nécessaire.

Le Tribunal supérieur dit Tribunal supérieur d'appel et d'annulation est composée :

1ᵘ d'un magistrat du cadre des Cours d'appel de l'Indochine détaché au Laos, Président ;

2ᵘ de l'Administrateur, Directeur des bureaux à la Résidence supérieure au Laos ;

3° d'un haut fonctionnaire laotien ;

4° d'un greffier qui est le chef du 2ᵉ bureau de la Résidence supérieure.

Deux assesseurs suppléants désignés par le Résident supérieur sont appelés, en cas de besoin, à remplacer les titulaires empêchés.

Les tribunaux provinciaux dits du 2ᵉ degré sont composés :

1° du Commissaire du Gouvernement, chef de province, et en cas d'empêchement, du fonctionnaire qui lui est adjoint :

2° d'un assesseur indigène remplacé par un suppléant en cas d'empêchement ;

3° d'un greffier.

Lorsque le tribunal provincial est appelé à juger une affaire criminelle, un deuxième assesseur titulaire, désigné chaque année par le Résident supérieur, est adjoint aux Membres ordinaires du Tribunal.

Les tribunaux du 1ᵉʳ degré se composent d'un Président assisté d'un assesseur et d'un greffier.

Le Juge président juge seul, l'assesseur n'ayant que voix consultative. Cet assesseur est plus spécialement chargé d'instruire les affaires pénales : siégeant à côté du Président, il est en mesure de le renseigner sur toutes les affaires qu'il a instruites lui-même.

Tous les membres indigènes de ces diverses juridictions sont nommés par le Résident supérieur, ils sont recrutés parmi les fonctionnaires de l'ordre administratif. En l'état actuel du Laos, il n'est, en effet, pas possible d'envisager pour le moment l'institution d'un cadre spécial de magistrats indigènes.

Les tribunaux du 1er degré jugent en premier et dernier ressort au civil tous les litiges dont l'objet est égal ou infé-rieur à 50 piastres et au pénal les infractions punies d'une simple amende. Ils jugent en premier ressort seulement les litiges civils supérieurs à 50 piastres ou indéterminés et connaissent en matière pénale des délits correctionnels et des contraventions punies d'une peine de prison.

Le Tribunal du 2e degré connaît en appel de toutes les affaires jugées en 1er ressort par le Tribunal du 1er degré ; il juge lui-même en 1er ressort en toutes matières les causes pour lesquelles compétence lui est spécialement attribuée ; il instruit et juge les affaires criminelles.

Le Tribunal supérieur connaît en appel de toutes les affaires civiles, commerciales, correctionnelles ou criminelles jugées par les tribunaux du 2e degré en premier ressort.

Comme Tribunal d'annulation il connaît de toutes les affaires jugées en dernier ressort par les Tribunaux du 1er et du 2e degré ; — la voie de l'annulation n'est ouverte que pour incompétence, excès de pouvoir et violation de la loi laotienne.

Kouang-Tchéou-Wan. — Les « *Kong-Hu* » ou conseils des notables connaissent : en dernier ressort des affaires personnelles et mobilières jusqu'à 100 $ en principal, des actions immobilières jusqu'à 25 $ de revenu et des infractions pénales n'entraînant pas une peine de prison ; en premier ressort, de toutes les autres affaires. L'appel est porté devant un tribunal mixte, unique pour le territoire, composé d'un fonctionnaire français qui le préside et de deux assesseurs indigènes, tous trois étant désignés par l'Administrateur en Chef du Territoire. Les jugements rendus par ce tribunal mixte ne sont exécutoires qu'après avoir été approuvés par une Commission de revision présidée par l'Administrateur en Chef du Territoire et comprenant le Juge de paix à compétence étendue de Fort-Bayard et le fonctionnaire des Services civils, maire de Tché-Kam. Si cette commission annule un jugement du tribunal mixte, elle rend alors elle-même un autre jugement. La Commission statue sur pièces ; elle entend les parties si elle le juge nécessaire ;mais ces dernières ne sont pas admises à se faire représenter devant elle.

Elle prescrit, s'il y a lieu, telles mesures d'information ou tels suppléments d'instruction qu'elle juge utiles.

Les décisions qu'elle rend sont définitives et exécutoires à la requête de l'Administrateur en Chef du Territoire de Kouang-Tchéou-Wan.

Tout jugement du Tribunal mixte comportant condamnation à la peine capitale ne peut être exécuté qu'après avoir été approuvé par le Gouverneur général.

Tonkin. — C'est au Tonkin que la Justice indigène présente l'organisation la plus complète. Cette organisation résulte des ordonnances royales du 16 juillet 1917 et des 16 juin et 25 août 1921 rendues exécutoires par l'arrêté du Gouverneur général du 2 décembre 1921, modifiées par l'ordonnance royale du 30 juillet 1923 et par l'arrêté du Résident supérieur du 20 septembre 1929.

Le Directeur de l'Administration judiciaire est le Chef de la Justice indigène dont le fonctionnement est également contrôlé par le Procureur général près la Cour d'appel de Hanoi.

Tribunaux du 1ᵉʳ degré de Juridiction. — Dans chaque circonscription (phu, huyên ou châu) existe un tribunal du premier degré constitué par un juge unique qui est le Chef administratif de la circonscription, siégeant avec l'assistance d'un greffier désigné par le Résident supérieur. En cas de besoin, ce juge unique peut être suppléé par un mandarin judiciaire d'un grade moins élevé et spécialement désigné par le Résident supérieur sur avis conforme du Chef de la Justice indigène au Tonkin.

Le Tribunal du 1ᵉʳ degré est chargé d'enregistrer les actes de conciliation que lui adressent les Chefs et Sous-Chefs de canton et les autorités communales, il soumet lui-même à une tentative de conciliation les requêtes dont il est saisi directement ou qui lui sont transmises par le Tribunal du 2ᵉ degré. En matière civile et commerciale, il juge en premier et dernier ressort jusqu'à la valeur de 30 piastres un certain nombre d'actions pour lesquelles compétence lui est expressément donnée par le code d'organisation judiciaire. Il connaît notamment des actions personnelles et mobilières dont l'objet ne dépasse pas 30 piastres. Il ne peut connaître que de ces actions et statue toujours en dernier ressort.

En matière répressive, il juge les contraventions en dernier ressort lorsque leurs jugements ne prononcent pas une peine d'emprisonnement et en premier ressort en cas contraire. En matière correctionnelle et criminelle, le Juge du 1ᵉʳ degré est chargé de la recherche et de la poursuite de tous les crimes et délits commis par des indigènes dans le ressort de sa juridiction et de l'exé-
Le Tribunal du 1ᵉʳ degré est chargé d'enregistrer les actes de conviliation

cution des ordres des autorités supérieures relativement à tous les actes de police judiciaire, en matière indigène.

Tribunaux du 2ᵉ degré de juridiction. — Au chef-lieu de chaque province ou territoire, se trouve un Tribunal du deuxième degré dit Tribunal provincial dont le ressort, déterminé par un arrêté du Gouverneur général, correspond généralement aux limites de la circonscription administrative.

Ces Tribunaux du 2ᵉ degré sont présidés par l'Administrateur, Chef de la province ou par un mandarin de l'ordre judiciaire du grade de Tuan-phu ou An-sat qui siège en qualité de Président suppléant. Ils comprennent, en outre, un Juge indigène appartenant au cadre des mandarins judiciaires du grade de An-sat ou Tri-phu. Le Président a voix prépondérante dans la délibération préparatoire au jugement.

Enfin, dans chaque province, il est adjoint au Président du Tribunal un fonctionnaire de l'ordre judiciaire du grade d'An-sat ou Tri-phu qui remplit, sous la direction du Président, les fonctions de Juge d'Instruction et de Juge enquêteur au civil. Ce Juge ne participe pas aux délibérations du Tribunal.

Les Tribunaux du 2ᵉ degré connaissent en dernier ressort : des contestations civiles ou commerciales dont l'importance est inférieure à 100 piastres et en premier ressort seulement :

1° des contestations civiles et commerciales d'une valeur indéterminée ou d'une importance supérieure à 100 piastres ;

2° des délits correctionnels ;

3° des crimes.

Ils connaissent également des appels des jugements des Tribunaux du 1ᵉʳ degré en matière de contraventions.

Tribunal du 3ᵉ degré de juridiction. — La juridiction spéciale d'appel siégeant à Hanoi est constituée par la deuxième Chambre de la Cour d'appel présidée par un Président de Chambre avec l'assistance d'un conseiller et d'un mandarin de l'ordre judiciaire du grade de Tông-dôc désigné par le Gouverneur général. Elle connaît :

1° des appels des jugements rendus en premier ressort par les Tribunaux du 2ᵉ degré ;

2° des demandes en annulation formées contre les jugements des Tribunaux des 1ᵉʳ et 2ᵉ degrés rendus en dernier ressort ;

3° des demandes en révision.

Devant la juridiction du 3ᵉ degré les parties et les accusés peuvent, en toute matière, produire tous mémoires utiles et se faire assister par un avocat-défenseur.

Les arrêts peuvent être déférés à la Cour de Cassation pour incompétence.

Cette organisation, toute récente, qui date du 20 septembre 1929, marque une étape nouvelle de la réforme judiciaire entreprise en 1917.

On s'achemine peu à peu vers la spécialisation du mandarin judiciaire et la séparation définitive des pouvoirs. Mais en semblable matière il n'importe de n'agir qu'avec une extrême prudence. La population tonkinoise est encore trop imprégnée de sa propre législation et insuffisamment dégagée de son ancienne organisation judiciaire qui constitue l'ossature de la société annamite pour que l'on puisse, sans danger, brusquement du jour au lendemain, passer sans ménagement, ni transition d'un régime à l'autre. Le but poursuivi est de créer progressivement un cadre de mandarins judiciaires spécialisés à qui l'on pourra, dans un avenir plus ou moins éloigné, confier définitivement la charge de rendre la justice. Pour le moment, au 1ᵉʳ degré le Chef administratif de la circonscription conserve les fonctions de juge titulaire, mais il lui est adjoint un juge du cadre spécialisé qui exercera ses fonctions en qualité de Président suppléant. Au 2ᵉ degré, un mandarin de l'ordre judiciaire est également placé auprès du Résident, Président titulaire du Tribunal provincial, en qualité de Président suppléant.

Cette organisation qui permettra d'arriver sans à coups à une autonomie plus large du Service judiciaire, ne pourra être pleinement réalisée que lorsque l'on disposera du personnel spécialisé nécessaire et lorsque le corps des mandarins judiciaires comportera des Membres du grade exigé pour assurer la Présidence d'un Tribunal du 2ᵉ degré. Jusque-là, les adjoints à l'Administrateur-chef de la province et les fonctionnaires indigènes chefs administratifs de la province ou leur Délégué continueront à exercer respectivement les fonctions de Président suppléant et de juge.

Il est permis d'attendre de cette réforme les plus heureux résultats. La présence de mandarins de l'ordre judiciaire spécialisés au sein du Tribunal du premier degré assurera une meilleure et plus rapide distribution de la Justice :

les procédures seront plus régulières, les informations plus complètes, et les principes du droit plus exactement appliqués.

Par ainsi, s'atténueront et disparaîtront les inconvénients maintes fois signalés à propos du fonctionnement des Tribunaux du 1ᵉʳ degré et seront évitées les justes critiques auxquelles ces juridictions ont trop souvent donné lieu de la part des justiciables.

Les Tribunaux du 2ᵉ degré fonctionnent régulièrement et d'une façon très satisfaisante. En fait, ils sont actuellement présidés par les administrateurs-adjoints qui s'acquittent de leurs fonctions avec beaucoup de zèle et de dévouement. Certains font preuve de réelles qualités juridiques. Peu à peu, doivent se substituer à eux comme Présidents suppléants les hauts mandarins de l'ordre judiciaire destinés à reprendre la Présidence effective des Tribunaux du 2ᵉ degré, la réforme de 1917 qui confiait cette présidence aux Résidents chefs de province, n'étant dans l'esprit du législateur qu'une mesure provisoire destinée à prendre fin le jour où des juges indigènes spécialisés auront acquis une formation professionnelle suffisante.

En ce qui concerne la juridiction du troisième degré une amélioration importante a été apportée par une ordonnance du Premier Président du 1ᵉʳ juillet 1927 qui a constitué à la deuxième Chambre de la Cour d'appel une section criminelle spéciale. Le fonctionnement de cette section est assuré dans les mêmes conditions que les autres sections de la deuxième Chambre ; il permet de suppléer aux lacunes de l'information préliminaire en recourant aux mesures d'instruction que l'article 56 du Code de procédure pénale annamite met à la disposition de la juridiction du 3ᵉ degré.

Comité consultatif de Jurisprudence annamite. — Un arrêté du Résident supérieur au Tonkin en date du 30 août 1927 a créé à Hanoi un Comité consultatif de Jurisprudence annamite. Ce Comité est composé de seize membres et présidé par le Premier Président de la Cour d'appel. Le rôle de ce Comité est d'éclairer les décisions de l'autorité administrative ou judiciaire sur les questions dont la solution exige la connaissance des lois annamites et des us et coutumes indigènes du Tonkin. Ses avis qui ne sauraient lier l'autorité administrative ni les tribunaux sont de nature à les édifier sur la véritable coutume, sur la tendance ainsi que sur l'évolution des mœurs indigènes. Ils pourront, le moment venu, servir de base pour l'élaboration d'un Code civil à l'usage des juridictions annamites du Tonkin.

Officiers Publics ou Ministériels ressortissant
aux Juridictions Françaises

I) *Notaires*. — Le statut et les conditions d'exercice de la profession de Notaire ont été réglementés par un arêté du Gouverneur général du 30 janvier 1924 modifié les 29 février et 15 avril suivants les dits arrêtés pris en vertu de la délégation consentie au Gouverneur général par l'article 205 du décret du 21 février 1921.

Il existe actuellement en Indochine, trois offices de Notaire à Saigon, un à Phnom-Penh, un à Hanoi. Partout ailleurs, les fonctions de Notaire sont remplies par les Greffiers des Tribunaux de 1re instance et des Justices de paix à compétence étendue.

Aux termes de l'article 200 du décret du 16 février 1921, modifié par le décret du 5 mai 1928, de nouveaux offices peuvent être créés par décret. Les titulaires de ces nouveaux offices sont nommés par décret également.

Les Notaires sont nommés à vie, ils peuvent, comme en France, présenter des successeurs, sous la condition que ces derniers remplissent les conditions réglementaires d'aptitude à l'exercice de la profession de Notaire. En l'état actuel de la législation locale, les candidats aux dites fonctions présentés par les titulaires eux-mêmes ou par leurs ayants-droit sont nommés Notaires par arrêté du Gouverneur général. Un décret est en préparation qui a pour objet de refondre toute cette législation et de réglementer à nouveau le statut du Notariat en Indochine et les conditions d'exercice de la profession.

Ils sont assistés par des clercs choisis par eux. Un premier clerc assermenté peut, sous leur responsabilité, les remplacer en cas d'absence ou d'empêchement. Le grade de premier clerc est confié par arrêté du Gouverneur général aux candidats qui réunissent certaines conditions de stage et qui ont subi avec succès un examen professionnel devant une Commission spéciale.

La discipline des Notaires est réglée par l'article 78 de l'arrêté du 30 janvier 1924. Les peines les plus graves, c'est-à-dire celles de la suspension, du remplacement et de la destitution sont prononcées par le Gouverneur général après avis de la Cour d'appel.

Les Notaires sont tenus de résider au lieu qui leur a été fixé par leur arrêté de nomination, et il leur est interdit de s'absenter de la Colonie sans un congé délivré par le Gouverneur général, d'instrumenter hors de leur ressort, de s'associer avec d'autres Notaires ou avec des tiers et se livrer à certaines opérations ou interventions énumérées par l'article 26 de l'arrêté du 30 janvier 1924, texte qui fixe aussi les règles de la comptabilité spéciale qu'ils doivent tenir. Les honoraires, vacations et autres droits qu'ils peuvent réclamer aux parties à l'occasion des actes de leur ministère sont tarifés par le décret du 25 novembre 1910.

II) *Avocats-défenseurs.* — Les Avocats-Défenseurs indochinois dont le nombre était autrefois limité réunissent en leurs personnes deux catégories d'attributions : ils sont à la fois avoués et avocats. Ils exercent leurs attributions devant tous les tribunaux françaisde la Colonie.

L'exercice de la profession est réglementé par un décret du 30 avril 1911. Les Avocats sont inscrits sur l'un ou l'autre de deux tableaux qui sont tenus au siège de chacune des Cours d'appelet ils ne peuvent exercer leur ministère que dans le ressort de cette Cour. Ils sont agréés par le Gouverneur général, sur la proposition du Directeur de l'Administration judiciaire, après enquête et avis de la Cour d'appel et de la Chambre de Discipline instituée à Saigon et à Hanoi. Pour pouvoir être nomméAvocat-Défenseur il faut réunir les conditions suivantes : être citoyen françaiset avoir vingt-cinq ans accomplis ; être licencié en droit ; avoir fait deux ans de stage comme fonctionnaire, magistrat, avocat ou justifier de deux ans de cléricature ; avoir été Secrétaire d'Avocat-Défenseur dans la Colonie pendant trois ans au moins ou y avoir été magistrat pendant six ans ; justifier de sa moralité, et si le postulant a été Administrateur des Services civils ou magistrat dans le ressort de la Cour, avoir quitté ces fonctions depuis au moins trois ans. La discipline des Avocats-Défenseurs est conformément à l'art. 68 du décret du 19 mai 1919 modifié le 24 juin 1927 exercée par le Directeur de l'Administration de la Justice, mais les peines graves de la suspension, du remplacement et de la destitution ne peuvent leur être infligées que par le Gouverneur général, après accomplissement des mêmes formalités que lors de leur nomination. Ils peuvent s'absenter de la Colonie, mais après deux ans d'absence, ils peuvent être déclarés démissionnaires par arrêté du Gouverneur général.

Chaque Avocat-Défenseur peut se faire assister et au besoin se faire remplacer sous sa responsabilité par un Secrétaire. Ces Secrétaires, inscrits sur un tableau spécial tenu à Saigon et à Hanoi, sont agréés dans les mêmes formes que les Avocats-Défenseurs, et ils doivent réunir les mêmes conditions, sauf la consignation du cautionnement.

Un projet de décret, actuellement à l'étude, prévoit la constitution d'un Conseil de l'Ordre dans chacun des deux barreaux de Saigon et de Hanoi et l'accès au barreau des indochinois, sujets français.

III) *Huissiers.* — La profession d'huissier est réglementée par un arrêté du 4 janvier 1908, modifié par arrêtés du 27 octobre 1909, 17 juillet 1916, 27 avril 1917 et 13 juillet 1920.

Pour être nommé huissier, il suffit d'être français âgé de 25 ans au moins et de justifier de certaines connaissances juridiques. Auprès des tribunaux autres que ceux de Saigon, Hanoi, Haiphong, Tourane et Phnom-Penh, les huissiers peuvent aussi être choisis parmi les sujets ou protégés français.

Les huissiers sont nommés par le Gouvernement général sur la proposition du Directeur de l'Administration judiciaire, après avis de la Cour compétente. L'action disciplinaire est exercée sur eux dans les mêmes conditions que sur les avocats défenseurs, sauf l'avis de la Chambre de discipline qui n'existe pas pour eux. En particulier, ils doivent résider dans les villes où siègent les cours et tribunaux auprès desquels ils sont établis et ils ne peuvent s'absenter de la colonie sans un congé délivré par le Gouverneur général. Les droits et émoluments qu'ils peuvent réclamer pour les divers actes de leur ministère sont fixés par le décret du 25 novembre 1910. Leur ministère est obligatoire pour les parties civiles en matière française ; mais il est facultatif en matière indigène, les notifications des actes de toute nature devant alors être confiées en principe aux notables des villages.

En cas d'absence ou d'empêchement, les huissiers peuvent se faire remplacer, sous leur responsabilité, par des *clercs* qui doivent réunir les mêmes conditions qu'eux, mais sont dispensés du cautionnement.

Dans l'intérieur des pays de protectorat, les chefs de poste de gendarmerie et de garde indigène font fonction d'huissier en vertu des arrêtés du Gouverneur général du 18 mai 1912 pour le Tonkin, du 7 juin 1912 pour l'Annam et le Cambodge et du 21 juin 1913 pour le Laos. Les chefs de poste de gendarmerie peuvent, en cas d'absence ou d'empêchement, être remplacés en tant qu'huissier par un gendarme placé sous leurs ordres.

IV) *Commissaires-priseurs.* — La profession de Commissaire-priseur est réglementée par un arrêté du 18 décembre 1907 modifié les 27 octobre 1909, 23 novembre 1910, 24 novembre 1914, 31 juillet 1915 et 27 octobre 1919 ainsi que par celles des dispositions de l'arrêté du 11 juillet 1865 que le premier des textes précités a maintenues en vigueur en les étendant à toute l'Indochine. Les charges de Commissaire-priseur sont actuellement au nombre de trois à Saigon, une à Hanoi et une à Haiphong.

Sous réserve des droits exclusifs appartenant aux Notaires en ce qui concerne les meubles incorporels et sous réserve aussi du privilège ou du droit de concours appartenant aux courtiers de marchandises en ce qui concerne les marchandises neuves, les Commissaires-priseurs ont compétence exclusive pour procéder aux prisées et aux ventes mobilières dans le ressort du tribunal de 1re instance de leur résidence.

Les Commissaires-priseurs sont nommés par le Gouverneur général sur la proposition du Directeur de l'Administration judiciaire parmi les français âgés de 25 ans et ayant satisfait à leurs obligations militaires. L'action disciplinaire est exercée sur eux comme sur les huissiers. Ils peuvent se faire assister de clercs dans les mêmes conditions que les huissiers. Les droits qu'ils sont autorisés à percevoir sur leurs prisées et ventes sont fixés par le décret du 25 novembre 1910. Toutefois, les Commissaires-priseurs de Saigon et de Hanoi ne doivent conserver pour eux-mêmes que la moitié des droits qu'ils auront ainsi perçus à l'occasion des ventes, l'autre moitié servant à alimenter une bourse commune affectée à la garantie du paiement aux vendeurs du prix produit par ces ventes et dont, tous les deux mois, le reliquat est réparti par portions égales dans chaque ville entre les Commissaires-priseurs y résidant. Enfin, en compensation de la gratuité de leurs charges, il est prélevé sur les honoraires bruts des Commissaires-priseurs, au profit du budget local intéressé une redevance fixée par le décret du 16 février 1921 modifié le 20 avril 1923.

En dehors des ressorts des tribunaux de première instance de Saigon, Hanoi et Haiphong, les fonctions de Commissaire-priseur sont remplies par les greffiers des diverses juridictions. Ces derniers bénéficient des mêmes tarifs que les Commissaires-priseurs titulaires sans avoir à consigner un cautionnement.